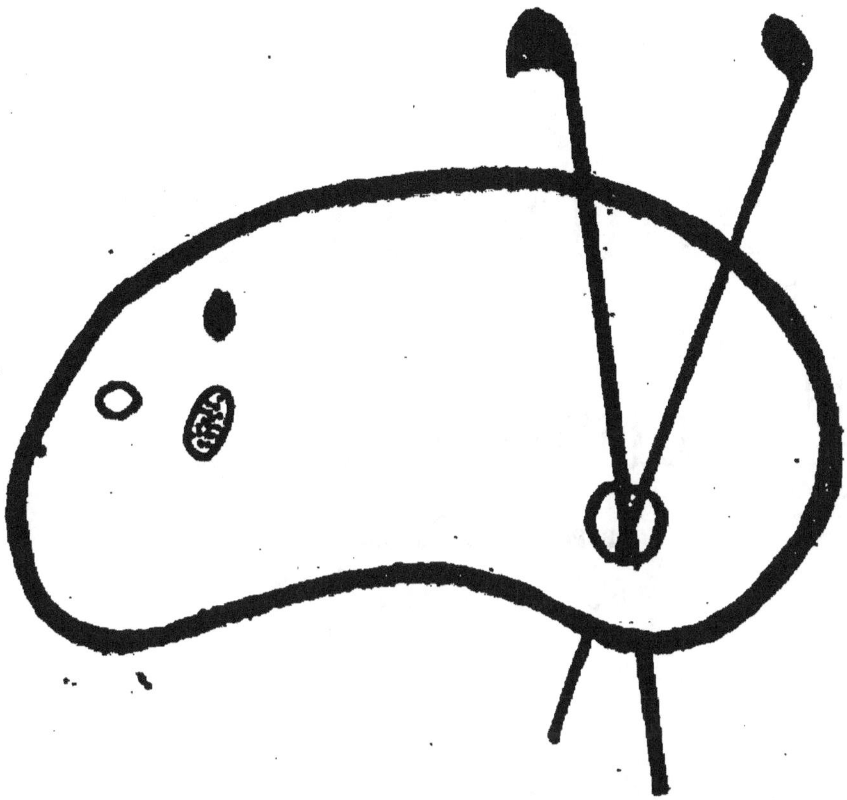

COUVERTURE SUPERIEURE ET INFERIEURE
EN COULEUR

QUESTIONS DU TEMPS PRÉSENT

A. DARLU

M. BRUNETIÈRE

ET

L'INDIVIDUALISME

A PROPOS DE L'ARTICLE

APRÈS LE PROCÈS

Paris, 5, rue de Mézières
Colin & Cie, Éditeurs
de la Société des Gens de Lettres

QUESTIONS DU TEMPS PRÉSENT
Brochures in-16, prix 1 fr.

Littérature et Conférences populaires, par M. PAUL CROUZET.

Lettres d'un économiste classique à un agriculteur souffrant, par M. ERNEST BRELAY.

L'Impôt démocratique sur le Revenu, par KERGALL.

La Morale de la Concurrence, par M. YVES GUYOT.

Le Parti modéré; *ce qu'il est, ce qu'il devrait être*, par M. JEAN-PAUL LAFFITTE.

Les Grèves et la Conciliation, par M. ARTHUR FONTAINE.

Le Monde socialiste. *Groupes et programmes*, par M. LÉON DE SEILHAC.

La Lutte contre le Socialisme révolutionnaire, par M. GEORGES PICOT.

L'Éducation de la Démocratie, par M. JULES PAYOT.

Le Devoir présent, par M. PAUL DESJARDINS.

Le Rôle social des Universités, par M. MAX LECLERC.

L'Ame française et les Universités nouvelles, selon l'esprit de la Révolution, par M. JEAN IZOULET, docteur ès lettres.

L'État et l'Église, par M. CHARLES BENOIST.

Ce qu'on va chercher à Rome, par M. OLLÉ-LAPRUNE, maître de conférences à l'École normale supérieure.

Le Gouvernement de l'Algérie, par M. JULES FERRY.

Autour de la Conférence interparlementaire, par M. GASTON MOCH.

Une voix d'Alsace, par IGNOTISSIMUS.

Droit de conquête et plébiscite, par M. JEAN HEIMWEH.

L'Alsace-Lorraine et la paix. La dépêche d'Ems, par M. JEAN HEIMWEH.

La Guerre et la Frontière du Rhin; la Solution, par M. JEAN HEIMWEH.

La Parole soit à l'Alsace-Lorraine, par M. JEAN HEIMWEH.

Le Problème de la Dépopulation, par M. le Dʳ JACQUES BERTILLON.

L'Éducation et les Colonies, par M. JOSEPH CHAILLEY-BERT.

Triple Alliance et Alsace-Lorraine, par M. JEAN HEIMWEH.
Une brochure in-16.   1 fr. 50

QUESTIONS DU TEMPS PRÉSENT

A. DARLU

M. BRUNETIÈRE

ET

L'INDIVIDUALISME

A PROPOS DE L'ARTICLE

APRÈS LE PROCÈS

PARIS

ARMAND COLIN ET Cⁱᵉ, ÉDITEURS

RUE DE MÉZIÈRES, 5

1898

Tous droits réservés.

On nous demande de divers côtés de faire un tirage à part du petit essai que nous avons publié dans la *Revue de métaphysique et de morale*[1], à propos de l'article de M. Brunetière : *Après le procès*. De la sorte notre brochure ira rejoindre la sienne sous les galeries de l'Odéon pour opposer les principes philosophiques à ses opinions de parti. Nous savons que les polémiques sont d'ordinaire stériles et n'ont d'autre effet que d'accroître la division des esprits et la contrariété des idées. Pourtant, dans les circonstances présentes il nous paraît utile d'essayer de faire parvenir jusqu'au grand public notre discours *pro ratione*. On se plaint, et nous nous plaignons nous-même, que l'opinion publique est plus

1. Mai 1898.

flottante et plus mobile que jamais, et prête, par suite, à tous les égarements. Ce serait sans doute un grand bien si la philosophie prenait ou plutôt reprenait sa part dans la direction morale des esprits. Les jeunes hommes qui ont fondé, voilà cinq ans passés, la *Revue de métaphysique et de morale* se sont proposé de revendiquer ce droit de la philosophie et de faire sentir son influence, autant qu'il serait en eux, jusque dans le domaine des questions pratiques. Nous voudrions les y aider. Il nous est permis de nous souvenir encore de leur programme et de profiter de l'occasion pour en rappeler quelques paroles qui nous serviront d'avant-propos : « Les conditions mêmes de l'équilibre intellectuel et moral manquant aujourd'hui, les esprits se séparent et se dispersent. Les uns, désespérant de la pensée, retournent aux autels familiers, ou remontent le cours de la tradition et se réfugient — en songe — dans un christianisme très simple, très doux et très triste; quelques-uns rêvent de révélations inouïes; d'autres s'enfoncent dans des études spéciales, se bornant à poursuivre comme machinalement la tâche commencée. Et cependant le sol de la société paraît près de se soulever sous l'action de forces aveugles. Au milieu de ces inquiétudes, entre le positivisme courant qui s'arrête aux faits, et le mysticisme qui conduit aux superstitions, la lumière de la raison est toujours bien faible et bien vacillante. Il n'est peut-être pas possible qu'elle éclaire le travail de la foule humaine ; mais que du moins ceux en qui elle brûle silencieusement, comme la lampe des soirs laborieux, se rapprochent, qu'ensemble ils en avivent la flamme, qu'ils essaient de la faire briller sur des hauteurs visibles à tous les regards qui voudront s'y diriger. »

Nous joignons à cette publication un article qui date de 1895 et qui a le même sujet et la même inspiration. Il se rattache à la polémique soulevée par la *Visite au Vatican* de M. Brunetière. Nous avions voulu exami-

ner les déclarations que le directeur de la
Revue des Deux Mondes faisait au public pour
annoncer qu'il s'enrôlait dans le parti catholique. Comme nous écrivions pour la *Revue
de métaphysique,* nous nous étions borné à
énoncer les principes de notre jugement sans
les développer; aussi l'article paraîtra-t-il
bien aride. Pour qu'il s'adressât à tous, il
faudrait le remanier et l'étendre. Mais l'occasion qui lui a donné naissance est passée et
presque oubliée; et nous ne le reproduisons
qu'à titre de pièce justificative.

M. BRUNETIÈRE

ET

L'INDIVIDUALISME

A PROPOS DE L'ARTICLE

APRÈS LE PROCÈS

A PROPOS DE L'ARTICLE
« APRÈS LE PROCÈS »

Le critique littéraire de la *Revue des Deux Mondes* se plaît de plus en plus à faire des excursions, on pourrait dire des incursions dans le domaine des questions sociales. Nous avons eu l'occasion de soumettre à la critique philosophique les idées qu'il avait exposées dans son article : *Après une visite au Vatican*[1]. Son nouvel article : *Après le Procès* relève encore de notre juridiction. Nous voulons examiner dans ses principes l'une des questions qu'il agite, la question de l'individualisme ; mais, chemin faisant, nous nous appliquerons à considérer quelques traits de l'esprit de cet écrivain, ce que nous avions évité de faire la première fois pour ne pas détourner notre attention de l'important sujet qu'il nous avait proposé.

Les encouragements ne nous manquent pas

1. V. *infra.*

pour ce petit travail. D'abord nous savons que notre peine n'est pas perdue. M. Brunetière nous a fait l'honneur de nous lire, et il a profité de sa lecture. Qu'il nous a lu, c'est lui-même qui l'a appris au public[1]; et qu'il y a trouvé son profit, c'est ce que le lecteur est à même de juger. M. Brunetière, pour justifier la faillite de la science, s'en souvient-on encore, avait allégué les lacunes de l'orientalisme, les incertitudes de l'exégèse, l'insuffisance philosophique de l'histoire; nous lui avions répondu que ces études auxquelles il lui plaisait de donner le nom de sciences philologiques ou historiques n'avaient jamais fait partie de la science, et qu'on ne devait y voir qu'une matière d'érudition, impropre à résoudre des questions doctrinales. Et nous insinuions doucement que c'est à l'Académie seulement et par politesse qu'un érudit s'appelle un savant. M. Brunetière a retenu cette objection, et aujourd'hui il la retourne ingénieusement contre « les intellectuels » qui se piquent d'user de méthodes scientifiques. Il le fait, il est vrai, sur un ton d'autorité et dans un langage superbe auxquels nous ne saurions nous élever : « Osons en effet et une bonne fois le dire : que la linguistique, la philologie, la paléographie, la métrique,

1. Dans une note de la brochure qui a reproduit son article de la *Revue*.

l'exégèse, l'anthropologie, l'ethnographie ne sont
pas des sciences ». Et il répète « qu'un paléo-
graphe ou un philologue sont des érudits, mais
ne sont pas des savants »[1]. Il n'est donc pas inutile d'avertir M. Brunetière et de troubler un
instant la confiance qu'il met en lui-même.

Mais il y a d'autres raisons qui justifient mieux
l'utilité de notre critique. M. Brunetière se propose maintenant de diriger l'opinion. Il néglige
les livres pour s'occuper de la vie publique. Dans
sa Revue, il traite les questions d'actualité. Au
moment des élections, il prend la plume des
mains du chroniqueur ordinaire et rédige lui-
même le bulletin politique[2]. Il ne se contente pas
de parler du haut de cette tribune aux *Deux
Mondes* : il va en personne dans le Nouveau
représenter l'esprit français. Il porte partout la
bonne parole en province. Il décide publiquement
sur toutes les questions qui « intéressent la
morale humaine, la vie des nations et les intérêts de la société »[3]. Quelle autorité a-t-il pour le
faire? Il n'a plus aujourd'hui, on vient de le voir,
la prétention d'être un savant. Il ne veut pas
davantage du nom de philosophe, qui sent tou-

1. Après le Procès, *Revue des Deux Mondes*, 15 mars 1898.
2. *Revue des Deux Mondes*, 1er mai 1898.
3. Après le Procès.

jours un peu le fagot[1]. Il reste donc qu'il soit simplement « un intellectuel ». A qui s'applique ce jugement bien frappé : « C'est ainsi qu'un intellectuel intervient souverainement dans les questions qu'il ignore, et n'étant pas gêné, mais au contraire aidé par son ignorance même, les tranche? » M. Brunetière l'écrivait hier même en parlant de M. Zola[2]. Mais le mot convient à beaucoup d'autres. C'est une grande misère de ce moment du siècle que nous n'ayons plus pour guides spirituels que des journalistes, des conférenciers, des hommes de théâtre. Si le pays conservateur a besoin d'un docteur en sciences sociales, il se confie à M. Édouard Drumont. S'il a besoin d'un homme de raison qui lui fasse prendre quelques grains de bon sens comme antidote contre tant de paradoxes, M. Sarcey rédige l'ordonnance. S'il a besoin d'un directeur de conscience, M. Jules Lemaître fait l'affaire. Personne peut-être n'a plus de goût que moi pour le charmant esprit de M. Lemaître. Je suis touché de sa bonne volonté, de son zèle social qui a quelque chose de candide. Enfin je vois

1. « Il nous est difficile de concevoir, pour notre part, ce que c'est que la philosophie en dehors et comme séparée de la science ou de la religion. » (*La Renaissance de l'Idéalisme*, p. 32.)
2. *Revue des Deux Mondes*, 15 avril 1898.

bien que son sens modéré et fin le guide heureusement au milieu des difficultés de ce temps.
Mais n'est-il pas bien pressé de trancher, comme
dit M. Brunetière, tant de questions embarras-
santes, questions religieuses, questions coloniales,
questions d'enseignement? Et tout le monde ne
voit-il pas qu'il improvise à mesure les opinions
qu'il nous invite à répandre? L'autre jour il
confessait avec componction le dénûment de son
esprit : il ne sait plus lire le grec, il ne lit pas
l'anglais, il épelle l'allemand, il ne lit pas quatre
ouvrages de latin par an; il ne sait rien que tenir
une plume. Et il s'en prenait aux lettres classiques de cette misère, sans songer à un Sainte-
Beuve que le culte assidu de Théocrite et de
Virgile n'avait pas empêché d'épuiser le suc de la
poésie anglaise, et à tant d'autres écrivains du
même temps, un Villemain, un Saint-Marc-
Girardin, également versés dans la littérature
ancienne et dans les littératures étrangères. Est-
ce donc la faute des lettres classiques si M. Lemaître s'est toujours abandonné à la facilité de
son talent? Est-ce leur faute si, à l'École, l'étu-
diant ne leur demandait d'inspiration que pour
écrire des pochades indécentes que l'académicien
devait porter plus tard sur une grande scène de
Paris? Est-ce leur faute si le professeur les
négligeait pour lire à ses élèves les romans du

jour, particulièrement ceux de M. Zola[1]? Est-ce leur faute si le critique, pendant les années les plus fécondes de la vie, les a oubliées pour consacrer régulièrement les heures du soir à suivre sur les bancs de tous les théâtres de la capitale, petits ou grands, les productions de l'industrie théâtrale, et les heures de la matinée à les commenter studieusement? Sans doute il était dès le début et il est resté jusqu'à la fin infiniment supérieur à cette humble besogne. Mais quand donc aurait-il eu le temps de faire provision de ce savoir nécessaire pour parler avec compétence des choses si compliquées de la vie sociale?

M. Brunetière, du moins, est un homme d'études. Il a une immense lecture, une érudition exacte, le sentiment et le goût des vérités morales, de certaines vérités morales du moins[2], une faculté infatigable (mais un peu fatigante) de dialecticien, plus de logique, pourrait-on dire, que de raison. Il soutient ainsi le poids de la critique littéraire élargie, comme elle l'est maintenant, — en grande partie par son effort, — et transformée en une histoire des idées. Mais quand il s'agit des idées contemporaines que

1. D'après le témoignage de M. Hugues Le Roux.
2. De celles qui se rapportent à la vie sociale, plutôt encore que de celles qui intéressent la conscience.

le temps n'a pas débrouillées et qui se heurtent
confusément, il lui faudrait pour s'y reconnaître
et nous servir de guide une forte culture philosophique; et cette culture lui manque, comme elle
manque en France à la plupart des lettrés et des
savants, étant abandonnée aux spécialistes de la
philosophie[1]. Certes M. Brunetière ouvre sans
cesse les livres des philosophes et des savants. Il
les cite même et les commente avec une témérité
qui fait trembler. Ainsi il s'avise d'expliquer —
en passant et sans nulle nécessité — le mot connu
de Newton : *Hypotheses non fingo*. Et il le fait,
comme on peut le croire, d'une manière plaisante[2].
Ou bien il touche à Kant, peu accessible aux pro-
fanes, et, pour justifier son dire, il cite deux textes

1. C'est la supériorité d'un Renan et d'un Taine de l'avoir
reçue de bonne heure, et de s'en être trouvés tout armés
pour leurs travaux de critique et d'histoire.

2. D'après M. Brunetière, Newton, en disant qu'il ne
faisait pas d'hypothèses, a voulu dire qu'il faisait des hypothèses dont les conséquences sont démontrables; car il « ne
pouvait pas *prouver* l'attraction ». (*La Renaissance de
l'Idéalisme*, p. 24.) On peut rassurer M. Brunetière sur ce
point. Newton a véritablement *prouvé* l'attraction. On se
rappelle comment, après un premier insuccès, il reçut de
l'Académie des sciences de Paris la mesure nouvelle du
méridien terrestre, qui devait lui permettre de reprendre
et d'achever la démonstration espérée; son émotion fut si
grande qu'il dut charger un ami de faire les calculs à sa
place. (Sur cette démonstration de la loi de la gravitation,
voir Stuart Mill, *Système de Logique*, livre III, chap. xiv,
§ 4.)

obscurs, ce qui prouve bien qu'il le lit, mais non pas qu'il l'entende[1]. Malgré sa bonne volonté et

1. Et, en effet, il ne l'entend pas bien. Il est possible de le montrer brièvement. M. Brunetière prétend conclure, du rapprochement des deux textes qu'il cite, que Kant « a ruiné les autres formes de la certitude au profit de la certitude morale, et qu'à cet égard son dessein total n'est pas sans quelque analogie avec celui de l'auteur des *Pensées* ». (*L'Art et la Morale*, p. 90.) Or : 1° le rapprochement des deux textes est inutile, parce que le deuxième énonce l'idée qui est dans le premier (à savoir que les principes de la raison pure n'ont pas de réalité objective dans leur usage spéculatif), et la complète par une seconde idée (à savoir que ces principes en acquièrent une dans leur usage pratique), en sorte que le deuxième texte dispense du premier ; 2° le premier texte contient une phrase qui affirme la certitude des mathématiques et qui contredit la conclusion que M. Brunetière en veut tirer ; 3° d'une manière générale, il est faux que Kant ait voulu ruiner aucune certitude. Au lieu de feuilleter l'une ou l'autre *Critique*, il vaudrait mieux lire les *Prolégomènes à toute métaphysique future qui pourra se présenter comme science*, ouvrage par lequel commencent les débutants. M. Brunetière y pourra voir que Kant s'est proposé, tout au contraire, dans la *Critique de la Raison pure* : 1° de démontrer contre les sceptiques et de fonder dans la nature de l'esprit la certitude de la science (mathématique et physique) ; 2° de faire de la philosophie une science pareillement certaine et immuable. Il est donc faux encore qu'en cela il se rapproche de l'auteur des *Pensées*, qui n'estimait pas « que la philosophie vaille une heure de peine » et qui rêvait « d'une lettre sur la folie de la science humaine ». Quant à la certitude morale, Kant y a vu une croyance, une foi (*Glauben*), qu'il distingue du savoir (*Wissen*) et qu'il ne met ni au-dessus ni au-dessous de la certitude scientifique, mais dans un autre plan. D'ailleurs,

ses efforts, deux causes tendent à dessécher en lui la source de la pensée : d'abord une sorte de scolastique verbale dont il abuse de plus en plus; et puis, l'attention à considérer les conséquences pratiques plutôt que la vérité des opinions. Aussi paraît-il toujours un peu étranger dans le monde des idées. Il croit volontiers faire des découvertes [1], et il a en effet des inventions bizarres, dont il se fait honneur et qui seraient propres à discréditer un écrivain s'il y avait un public de bons juges. Faut-il en rappeler quelques-unes? Par exemple, il a démontré que le XVIIe siècle, qui a vu fleurir le Cartésianisme, qui l'a vu se répandre avec des centaines de disciples en France, en Hollande, en Allemagne, en Suède, dans tous les rangs de la

cette foi, qu'il appelle rationnelle pure pratique, n'a aucun rapport avec la foi des théologiens. Il est cruel de tant insister. Mais M. Brunetière avance ses erreurs avec un air de « satisfaction si orgueilleuse », comme il aime à le dire des autres, qu'on est forcé de les lui représenter comme elles sont.

1. S'il apprécie le livre de M. Bourgeois sur *la Solidarité*, il écrit : « M. Bourgeois n'oubliait qu'un point, qui est que nous-même, comme lui, et avant lui, nous avons cru à la possibilité de fonder une morale sur la base de la solidarité ». (*La moralité de la doctrine évolutive*, p. 60.) Et nous-même, qui avons rendu compte du livre de M. Bourgeois [*], nous avions pareillement oublié ce point, et nous nous en accusons. Ou plutôt, nous l'avions ignoré, et nous nous en accusons plus humblement encore.

[*] *Revue de métaphysique et de morale*, janvier 1897.

société et dans toutes les conditions, parmi les mathématiciens, les physiciens, les médecins, les théologiens, les philosophes, les lettrés, à Port-Royal, à la Cour, dans l'Église, qui a discuté, condamné, exalté, adoré Descartes, « ce mortel dont on eût fait un Dieu chez les païens », le xviie siècle n'est pas le siècle cartésien, mais si bien le xviiie, qui, en effet, a remplacé la physique de Descartes par celle de Newton, et sa philosophie par celle de Locke. Il a découvert encore la moralité du Darwinisme. Tout le monde, après Spencer, a opposé l'hypothèse de l'Évolution à l'hypothèse de la Création, comme une doctrine naturaliste à la doctrine théologique. M. Brunetière change tout cela. Il veut bien que les espèces vivantes ne soient pas sorties des mains de Dieu, mais soient nées de la terre et se soient transformées par la lente action des forces naturelles; mais c'est pour conclure que cette conception est « une théologie, comme disent les philosophes[1] ». Il veut que le genre humain ne soit qu'une espèce animale, avec la même origine et les mêmes destinées bornées que les plantes et les bêtes; mais c'est pour s'écrier « qu'il arrache à la science même de la nature l'aveu que l'homme est dans la nature comme un empire dans un empire[2] ».

1. *La moralité de la doctrine évolutive*, p. 73.
2. *Id.*, p. 92.

Il semble que le parti pris et l'aveuglement ne puissent aller plus loin. Et cependant il y a mieux encore. M. Brunetière pense que l'homme n'apporte en naissant aucunes semences de vertus et qu'il a le germe de tous les vices[1]. Il se plaît à dire que « nous avons tous dans notre sang et pour ainsi parler au plus profond de nos veines quelque chose de la brutalité, de la lubricité et de la férocité du gorille ou de l'orang-outang ! » C'est là son pessimisme qu'il affirme avec une joie si âcre qu'on a toujours envie de lui crier : « Parlez pour vous, Monsieur ! Après tout, vous n'êtes pas dans la conscience des autres ! » Mais pourquoi veut-il ainsi que *l'homme sorte de la bête*? C'est pour comprendre et justifier le *dogme de la chute*. Oui, le dogme du péché originel, « qui paraissait à Pascal un mystère le plus incompréhensible de tous et qui répugnait à la raison de nos pères, l'évolutionisme, en notre temps en fait presque une réalité[2] » ; « et la principale difficulté qui suspendit encore l'assentiment des incrédules ou de quelques croyants même, c'est vraiment Darwin et Hœckel qui l'ont levée[3] ». On en croit à peine ses yeux. J'avais déjà signalé ce que de pareilles imaginations ont de choquant pour l'esprit, je ne dis pas

1. *La moralité de la doctrine évolutire*, p. 18.
2. *Id.*, p. 20.
3. *Id.*, p. 21.

d'un catholique ou d'un protestant, mais d'un homme simplement religieux. En voyant M. Brunetière s'y enfoncer aussi obstinément, je me suis demandé à plusieurs reprises à quel mouvement secret de sa pensée il obéissait. Et je crois avoir trouvé, à la fin, cette difficile explication. M. Brutière n'a pas le sentiment du péché. Le moi, chez lui, est si puissant qu'il lui interdit ces retours d'humilité et de honte qui nous font crier avec effroi : *Miserere mei, Domine.* Il ne sent pas que le péché est le mal intérieur de la volonté. Par suite, il le confond avec le mal naturel, avec la grossièreté des instincts, avec « la bestialité » de notre nature. Et, si l'on conçoit cette bestialité comme originelle, il lui semble qu'elle « réalise » le péché originel. Est-il possible de lui dessiller les yeux? Il suffira peut-être de chercher pourquoi le péché originel paraissait à Pascal un mystère incompréhensible. Est-ce simplement, comme le croit M. Brunetière, parce qu'il ignorait qu'Adam était un gorille ou un orang-outang? Nullement, mais parce qu'il trouvait incompréhensible qu'*une créature de Dieu fût responsable devant Dieu d'un mal qu'elle n'a pas voulu*[1]. Et

1. « Qu'y a-t-il de plus contraire aux règles de notre misérable justice que de damner éternellement un enfant incapable de volonté, pour un péché où il paraît avoir si peu de part qu'il est commis six mille ans avant qu'il fût en être? » (Pascal, *Pensées*, p. 532. Ed. Brunschwicg.)

plus on fera que ce mal soit héréditaire et fatal, plus il sera étranger à notre volonté, et plus il sera incompréhensible qu'il nous soit imputé comme un péché. La conscience témoigne qu'il est juste que chacun soit jugé sur ses fautes, et injuste qu'il soit condamné pour la faute d'autrui. Et il est incompréhensible que la justice divine soit le renversement de la nôtre. Dès que le sentiment moral est éveillé dans une âme d'homme, il proteste donc contre la supposition d'un péché involontaire et d'une condamnation imméritée. Et si le dogme du péché originel « choquait la raison de nos pères », après le commentaire de M. Brunetière appuyé sur Darwin et Hœckel, il scandalise la nôtre. Pour en finir avec ce sujet, il suffira de dire que le Darwinisme, qui est une théorie d'histoire naturelle, se transforme, dès qu'on l'étend aux choses humaines, en une doctrine philosophique qui n'est rien moins que le matérialisme, le matérialisme d'Épicure « mis au courant de la science moderne ». C'est donc jouer de malheur que d'aller y chercher une morale et une théologie.

Mais l'évolutionnisme a fait à M. Brunetière bien d'autres et de plus méchants tours. Il lui avait jadis inspiré l'idée de transporter le Darwinisme dans la littérature; il lui avait persuadé qu'il pouvait être le continuateur de Taine et le

Darwin de la critique. Se souvient-on du pró-
gramme magnifique qu'il avait tracé dans le tome
premier de *l'Évolution des genres*? Il devait trai-
ter en quatre volumes les cinq questions sui-
vantes : De l'existence des genres et de leur vie
propre; — De la différenciation des genres par le
passage de l'homogène à l'hétérogène; — De la
stabilité des genres; — Des modificateurs des
genres, qui sont l'Hérédité, la Race, le Milieu et
l'Individualité; — De la transformation des
genres par l'action de la concurrence vitale et
de la sélection naturelle. Il avait même annoncé
la publication prochaine de ces ouvrages qui
devaient paraître le premier en décembre 1890,
le deuxième en mai 1891, le troisième et le qua-
trième dans l'hiver de 1891 à 1892. Ces livres
n'ont pas paru. Que s'est-il passé dans l'esprit de
M. Brunetière? S'est-il aperçu qu'il n'y avait dé-
cidément qu'une bien faible ressemblance entre
les espèces vivantes et les genres littéraires? que
ceux-ci, n'étant qu'une certaine manière d'as-
sembler nos idées, n'ont pas de « vie propre »?
et que cependant, s'ils existent, en ce sens que
les différentes espèces d'ouvrages littéraires ré-
pondent en effet aux différentes facultés de notre
esprit et aux différents besoins du cœur, par cela
même ils sont fixes et ne se transforment pas?
Que si un genre s'épuise, ce n'est pas qu'il soit

une victime de la concurrence vitale, mais simplement parce que « les sujets, comme dit Voltaire, ont des bornes bien plus resserrées qu'on
ne pense », ou encore parce que les mœurs chan-
gent et veulent des plaisirs nouveaux? Et qu'il
n'est pas besoin de recourir à la vertu occulte de
l'évolution pour expliquer que les sentiments
dont s'inspire l'orateur sacré pour déplorer les
coups de la fortune ou le néant de la gloire humaine se retrouvent dans les chants du poète
lyrique, étant humains et naturels au cœur?
Bref, que tout ce transformisme, cet évolutionnisme n'était qu'une fantasmagorie, et que tout
le système reposait sur un jeu de mots, en sorte
que si l'usage, qui est l'arbitre du langage, avait
voulu que la distinction des œuvres littéraires eût
reçu le nom de catégories au lieu de celui de
genres, l'auteur n'aurait pu même prononcer le
nom d'évolution et se serait trouvé sans raison
d'être? Oui, je conjecture que M. Brunetière s'est
aperçu qu'il s'était engagé dans une impasse; que
le secours qu'il avait annoncé « qu'il allait emprunter de Darwin et de Hœckel », pour conti-
nuer Taine et achever l'évolution de la critique
elle-même, lui a manqué, que leur science lui a
crevé dans la main, et que c'est là véritablement
la faillite de la science dont il a souffert. Ce n'est
qu'une conjecture, mais qui ne manque pas de

vraisemblance. Et le fait est que M. Brunetière brûle aujourd'hui ce qu'il avait adoré, et qu'après avoir cru faire de la critique « une science analogue à l'histoire naturelle [1] » il déclare « une bonne fois » que la critique et la philologie et toutes les études de ce genre ne sont pas des sciences, étant incapables « de *prévoir* et de *pouvoir* »; et il n'épargne pas même ses idoles; il « avoue que la *Descendance de l'homme* de Darwin ou l'*Histoire naturelle de la création* du professeur Hœckel ne sont, de leur vrai nom, que des romans scientifiques [2] ». Ainsi le cercle se ferme. Et en fait d'évolution nous ne voyons plus que celle de M. Brunetière lui-même.

Dans l'article : *Après le procès*, auquel nous arrivons maintenant, on retrouve encore quelques-uns de ces rapprochements singuliers d'idées et de mots qui font si aisément illusion à M. Brunetière. Ainsi il entreprend de réconcilier le socialisme avec l'armée. Il remarque « que les raisons

1. *L'Évolution des genres*, t. I, p. 9.

qu'on entend invoquer contre l'armée par les ennemis de l'armée sont les mêmes que celles dont on use pour combattre le socialisme ». Mais ce n'est là qu'un argument un peu faible et que l'école appelle extrinsèque. Il montre ensuite qu'une armée nationale est « la condition même de la nationalisation du sol », qu'elle est seule capable de défendre. Et cette raison doit en effet toucher les socialistes. Enfin il fait valoir la raison théorique et sans doute décisive : c'est « l'organisation des armées qui a servi de modèle inconscient aux revendications les plus précises du socialisme! » Tout le monde jusqu'ici croyait savoir que le socialisme est l'ennemi de l'État et qu'il se propose, en effet, de le détruire. Tout le monde croyait qu'il demande, non pas la « nationalisation », mais la « socialisation » des instruments de production, et qu'il est un parti *internationaliste*, par cette bonne raison que la production ne pourrait être socialisée dans un pays si elle ne l'était dans les autres. Tout le monde voyait que « le modèle inconscient », qui a servi aux socialistes de notre temps à former le rêve de la société future, est l'atelier et non l'armée, puisqu'ils conçoivent cette société comme un immense atelier, comme une vaste association coopérative de production, et non comme une hiérarchie d'autorités. Mais, dans l'esprit de

M. Brunetière, l'idée de l'armée *nationale* s'est rencontrée avec l'idée de la *nationalisation* du sol; et de ce rapprochement ont jailli des considérations toutes nouvelles qui renversent les idées reçues.

Mais je m'empresse d'ajouter que dans la plus grande partie de l'article son sentiment social très fort l'inspire bien. Il traite successivement trois points : de l'antisémitisme; de l'armée et de la démocratie; de quelques intellectuels. Je souscris presque entièrement à ce qu'il dit sur les deux premiers, et qui se résume dans ce jugement : « c'est de l'humanité même qu'il y va dans la question de l'antisémitisme... et c'est vraiment de la France qu'il y va dans l'incompatibilité qu'on a prétendu découvrir entre les exigences de la démocratie et l'existence même des armées ». Pour l'antisémitisme je me souviens qu'à l'apparition de la *France juive* de M. Drumont, il dit tout de suite qu'il avait peu lu de livres plus dangereux. Et cette parole s'est vérifiée. Pour la démocratie, je crois aussi qu'on peut aller jusqu'à dire avec lui que « le développement de l'idée démocratique est placée sous la protection de l'armée ». Car l'avenir de la démocratie est lié aux destinées de la France plus étroitement qu'à celles d'aucun autre peuple en Europe. Et la France compterait-elle encore si elle avait perdu sa puis-

sance militaire? Je cite avec plaisir tout le passage, que je trouve excellent : « Ne l'oublions
pas, en effet, que nous sommes environnés de
voisins dont les dispositions à notre égard ne sont
pas précisément hostiles, mais complexes, et la
sympathie même, depuis cent ans, ou de tout
temps, toujours mêlée d'un peu d'inquiétude.
Souvenons-nous également que, si nous poursui-
vons, depuis cent ans, ou plus, une expérience
dont on ne voit pas bien quelle sera l'issue, nous
avons jusqu'à des amis qui n'attendent que l'occasion d'en troubler le cours, ou d'empêcher ce que
le succès en pourrait avoir de dangereux pour
eux. » Pour l'armée enfin, il en parle comme il
faut, quand il dit que « l'armée de la France est
la France elle-même, qu'elle l'est de par nos traditions,... qu'elle l'est par sa composition, étant
elle-même l'armée la plus nationale, peut-être,
qu'il y ait dans l'histoire,... qu'elle l'est par son
esprit, si la préoccupation même de l'avancement,
dont on la raille assez inintelligemment, n'y est
qu'une forme de l'amour de la gloire, et si, de
cet amour de la gloire ou de la gloriole, — disons,
si l'on le veut, de cette vanité du galon, — s'en-
gendrent le mépris de l'argent, le respect de soi-
même, et la religion de l'honneur. » Et il est
vrai qu'il y a des jeunes gens qui affectent de
mépriser la discipline militaire soit pour de

vagues raisons d'humanité, soit plutôt par un sentiment exalté et mauvais de leur indépendance. Il est donc utile qu'on réagisse contre ces idées malsaines, dont la diffusion me paraît être l'un des signes les plus clairs de la décadence d'un peuple. Mais il est vrai aussi que notre peuple s'y montre peu accessible. Il reste chauvin, quoi qu'il en semble. Et, dès qu'il s'agit de l'armée, il est avec elle. Et cela est juste et naturel. C'est précisément ce qui a fait la gravité et la tristesse si lourde de l'affaire Dreyfus, c'est qu'elle a mis aux prises dans le cœur de beaucoup de bons citoyens des sentiments également forts, le sentiment inquiet de la justice et le souci de l'ordre public, des sentiments d'humanité et le sentiment national. Et de même elle a opposé l'opinion publique en France et une partie importante de l'opinion à l'étranger; et quoiqu'il soit entré beaucoup d'injustice dans la sévérité avec laquelle les étrangers exigeaient de nous, comme pour nous faire honneur, des vertus dont leur pays sont tout à fait incapables, la défaveur que l'on sent peser sur soi ne laisse pas d'être pénible et fâcheuse. M. Brunetière ne sait-il pas tout cela? Et est-il tout à fait équitable d'apprécier, comme il l'a fait, l'initiative de M. Zola, si violente d'ailleurs et si théâtrale qu'on la juge, en dehors de l'affaire dont elle a été l'un des épisodes?

Dans la troisième partie de l'article, M. Brunetière s'en prend aux « intellectuels », « qui nous
ont fait depuis cent ans beaucoup de mal », et à
l'individualisme, dont ils sont les fauteurs les
plus dangereux. Il oppose l'individualisme au
socialisme, qui est depuis quelque temps l'objet
de ses complaisances. S'il ne prend pas pour lui
le nom de socialiste, c'est à cause de l'abus qu'on
en a fait ; du moins il revendique le principe de
cette doctrine, qui « est la partie de sa définition
que l'on n'en saurait exclure » et qui consiste
dans « l'idée que les droits de la société sont anté-
rieurs à ceux de l'individu, puisque aussi bien ils
les fondent[1] ». L'individualisme, au contraire,
« est l'ennemi ». « L'individualisme, nous ne saurions trop le redire, est la grande maladie du
temps présent, non le parlementarisme, ni le
socialisme, ni le collectivisme. » Ce que M. Brunetière reproche aux « intellectuels » c'est de

1. *La Renaissance de l'Idéalisme*, p. 75. Cette formule,
d'ailleurs, est bien dangereuse ; et je doute que M. Brunetière en ait aperçu toute la portée. C'est la formule même
de Hobbes. Elle énonce simplement le principe de toute
tyrannie : les individus n'ont d'autres droits que ceux que
la société (c'est-à-dire l'État, qui représente la société)
veut bien leur accorder. Par exemple, quand M. Brunetière
proteste contre la neutralité de l'école publique au nom de
la liberté des pères de famille catholiques, et la déclare
« inique » (*Revue des Deux Mondes*, 1er mai 1898), il ne
peut le faire qu'en violant sa propre maxime.

couvrir de « grands mots », comme le respect de la vérité ou les droits de l'intelligence, « les prétentions de l'individualisme ». Ce qui lui rend leur opinion blessante, c'est qu'elle est « toute individuelle ». Vue intéressante, sans doute, mais qui n'est après tout, malgré sa forme tranchante, qu'une opinion « tout individuelle ». Il importe d'examiner ce qu'elle vaut. On pourrait s'amuser à remarquer qu'elle donne naissance à ce qu'on appelle en logique un jugement récurrent. « Toutes les opinions individuelles sont suspectes. » Or cette proposition est une opinion individuelle. M. Brunetière tombe donc comme les « autres intellectuels », sous la condamnation de Bossuet : « L'hérétique est celui qui a une opinion ». On pourrait remarquer encore que les cocialistes de ce temps-ci se piquent d'être individualistes. Et ils le sont en effet, car ils réclament en faveur des droits du travailleur opprimé par la société. Mais laissons ces difficultés, secondaires après tout, pour considérer l'idée principale : l'individualisme est le mal du temps présent. Certes cette plainte a déjà frappé nos oreilles; et il n'est pas probable qu'elle soit tout à fait sans fondement. Cependant nous avons été surpris et affligé de la retrouver ces jours-ci, aussi violente, aussi excessive, dans la *Revue Bleue*, où M. J. P. Laffitte commence la publication d'un livre qu'il a écrit

sur ce sujet. Nous étions habitué à chercher dans
les articles de ce publiciste une appréciation judi-
cieuse des événements politiques, et nous goû-
tions son inspiration libérale. Cette fois il semble
avoir pris à tâche de développer le programme
de M. Brunetière. Comme lui, il charge l'individualisme de tous nos péchés; comme lui, il en
fait remonter la responsabilité à Descartes! Je
n'oublie pas qu'il fait ce qu'il peut pour le distinguer du principe de la liberté. Il veut que l'individualisme rende la « société uniforme[1] », tandis
que la liberté fait « une société variée »; et il
conclut de la contrariété des effets à la contrariété de leurs causes. Et il nous assure qu'il
aimerait mieux briser sa plume que de paraître
attaquer la liberté. Mais comment ne s'est-il pas
trouvé un ami éclairé pour l'avertir que les coups
qu'il porte à l'un de ces principes atteignent
l'autre. L'individualisme n'est-il donc pas un autre
nom de la liberté individuelle? M. Laffitte dresse
une liste des manifestations de l'individualisme :
il cite le culte du moi dans le roman, l'impres-
sionnisme en peinture, la dislocation de la phrase
dans la prose, les licences de la rime et du rythme

______

1. Mais, bien au contraire, l'individualisme doit faire
une « société variée » jusqu'à la bigarrure, comme M. Laffitte le reconnaît plus loin, et comme Platon l'enseigne :
ποικίλη πολιτεία.

dans les vers, le règne des spécialistes en méde-
cine, le goût du bibelot, etc. Ne faudrait-il pas y
ajouter la prédication de l'Évangile, la découverte
du mouvement de la terre, et quelques autres
innovations de ce genre qui attestent chez leurs
auteurs un désir de se singulariser infiniment
plus scandaleux que la manie du bibelot, où l'on
doit voir surtout le triomphe de la mode, qui est
une puissance sociale ? En vérité, ce qui manque
dans ces discussions, c'est une idée un peu nette
du principe que l'on discute. M. Brunetière, du
moins, a proposé une définition : « L'individualisme, c'est le culte de soi, c'est l'égoïsme ». A la
bonne heure ! cela est clair. Mais il est clair aussi
que l'égoïsme n'est pas le mal du siècle, mais de
tous les siècles. Il a commencé à sévir parmi les
hommes vers le temps de Caïn, et il est probable
qu'il affligera encore nos derniers neveux : car
c'est la racine même du mal social. Il n'y a aucune
raison de penser qu'il ait été moins vivace au
siècle de Louis XIV que de nos jours; et il y a de
bonnes raisons de croire qu'il avait alors de pires
effets et se donnait plus libre carrière. M. Lavisse
nous racontait dernièrement la manière dont Col-
bert faisait des recrues pour les galères du roi de
France : qui a pu lire ces pages sans frissonner ?
Ce n'est pas, sans doute, que nos cœurs soient
meilleurs au fond. Mais les institutions sociales

nous obligent à prendre garde au soupir du plus humble travailleur. La démocratie a mille défauts, elle nous fait courir mille dangers, elle souffre de mille misères ; elle est envieuse, indisciplinée, égalitaire, disons, s'il le faut, individualiste ; elle est plate et maussade, comme Taine aimait à le répéter : pourtant nous lui avons donné notre cœur, et, quoi qu'il arrive, nous ne le lui reprendrons pas, parce qu'elle a proclamé le droit égal de tous les hommes ; elle a interdit comme un crime de sacrifier une vie humaine à la gloire ou au bonheur de quelques-uns ; elle a fait descendre la fraternité chrétienne du ciel sur la terre ; pour emprunter à Renan une bonne parole, elle « a substitué aux fins égoïstes la grande fin divine : perfection et vie pour tous ». Et cette raison frappe de nullité la définition de M. Brunetière en découvrant la confusion qui s'y cachait. L'individualisme, qui réclame la liberté pour *tous* les individus, n'enseigne pas l'égoïsme, mais la justice. On ne sait pas même quel sens peut avoir l'accusation d'égoïsme formée contre les grands individualistes, un Descartes, un Voltaire, un Michelet.

M. Brunetière a eu sans doute le sentiment de cette sorte de contradiction. Dans une conférence qu'il a faite tout récemment à Bordeaux, au cercle des étudiants catholiques, il a proposé une définition « plus large » de l'individualisme, et il l'a présenté à ses auditeurs surpris comme « la somme des libertés nécessaires à l'accomplissement de nos destinées [1] ». La première définition lui faisait vraiment la partie trop belle : celle-ci la lui fait trop inégale; car il n'y a pas d'apparence qu'il ait pu démontrer que les libertés *nécessaires* « ruinent la patrie, la famille, la société, le moi lui-même », comme il s'y était engagé. Il nous faut donc renoncer à suivre M. Brunetière. Et, puisque la question est posée, cherchons de quel côté nous pourrions trouver les éléments d'une solution.

Le problème de l'individualisme est un problème social d'une très grande généralité, tel qu'il semble bien difficile de l'embrasser tout entier. Je crois cependant qu'on ne peut l'approfondir sans apercevoir qu'il est seulement un aspect, un cas particulier d'un problème infiniment plus général, et qui est, peut-on dire, le problème des problèmes, à savoir le rapport de l'individuel et de l'universel, ou, en termes peut-être moins abstraits, le rapport de la conscience

---

1. J'en ai été surpris moi-même et j'ai hésité un instant à la reproduire. Mais je l'ai trouvée citée à la fois dans le compte rendu du journal monarchiste qui exalte la conférence, et dans celui du journal républicain qui la critique; et l'un de mes amis, qui se trouvait par hasard dans l'auditoire, m'atteste qu'il l'a entendue.

et de la réalité. Toutes les fois que nous réflé-
chissons sur les choses, notre pensée a son centre
dans notre conscience individuelle (c'est le *cogito*
cartésien); et elle s'applique à des objets qui
tiennent les uns aux autres et qui sont les pièces
et les parties de l'univers. Notre humble jugement
prend la mesure du monde; notre petite volonté
ajoute de l'être à la réalité où elle puise. Nous
ne sommes qu'un fil dans la toile immense qui
se balance au vent du ciel, et cependant nous
ressentons le mouvement de l'ensemble, et nous
savons le ralentir ou l'accélérer. Un élément d'un
Tout qui conçoit le Tout et agit sur le Tout,
voilà le fait essentiel qui se retrouve au fond de
toutes les questions philosophiques : le rapport
de l'homme à Dieu, ce qui est le problème théologique; le rapport du moi et de la liberté avec
les lois de la nature, ce qui est le problème psy-
chologique; le rapport du bonheur avec le devoir,
ce qui est le problème moral; le rapport de l'individu et de la société, ce qui est le problème
social; le rapport de l'individu et de l'État, ce
qui est le problème politique; le rapport de la
propriété privée et de la propriété publique, ce
qui est le problème économique; et ainsi de suite.
Or, à considérer le problème social à ce point de
vue général et de cette hauteur, il y a un grand
avantage. Il apparaît tout de suite que les deux

termes, l'individu et la société, ne peuvent être séparés l'un de l'autre, que la réalité de la vie humaine est faite de leur union, et que par suite la vérité ne se trouve pas dans l'un des deux pris séparément. Ainsi l'individualisme pur, qui rejetterait toute autorité sociale, — ce qui est précisément la théorie de l'anarchie, — forme un système aussi absurde que l'atomisme en métaphysique ; et on peut dire, en effet, que c'est un atomisme social. Et le *socialisme* pur (au sens où M. Brunetière prenait ce mot tout à l'heure), qui refuserait tout droit en propre aux individus, est un système non moins monstrueux, ou, si l'on veut, non moins chimérique. Conclusion bien générale encore, mais qui n'est pas sans importance, et qui d'ailleurs fournit quelque lumière pour aller plus loin.

Peut-être, en effet, voit-on mieux le sens et la portée du principe individualiste. Nous pouvons le définir en disant qu'il *tend à affranchir l'individu de toute autorité extérieure.* Et cette tendance est à bien des égards et dans une grande mesure bienfaisante. Ce qui fait, plus que toute autre chose, la force des sociétés, c'est la force morale des individus. Et ce qui fait la force des individus, ce qui est la moelle de leur être moral, c'est l'énergie intérieure de leur conscience. S'il y a dans un pays beaucoup d'hommes qui aient en eux-mêmes le principe de leur pensée et de leur action, qui aient une conscience et un caractère, ce pays, si étroites que soient ses frontières, sera grand. Et, d'autre part, la société est une organisation complexe, dans laquelle, à chaque degré de la composition, une action supérieure doit s'exercer sur des organes dispos et dociles. Et quand le sentiment commun s'affaiblit, quand le respect le cède à l'esprit d'indépendance, le corps social souffre. C'est dire qu'il y a des libertés nécessaires et des autorités légitimes, et un équilibre à trouver entre elles. Et, sans doute, si cet équilibre n'est pas établi, ou s'il est rompu dans un sens ou dans l'autre, il y a lieu de craindre et d'avertir les bons citoyens, — que le mal naisse du désordre ou de l'oppression. Mais ce n'est pas une raison pour se porter tout entier à l'un des deux extrêmes.

Et puis il faudrait bien connaître le prix de la liberté. Pour cela, il serait bon de soupeser les chaînes que l'humanité a si longtemps portées. A vrai dire, elle est affranchie d'hier, ou plutôt elle ne l'est pas encore tout entière. Que de servitudes dans le passé, servitudes du corps et de l'esprit, servitude des esclaves, des femmes, des enfants, des serfs, des vilains, des sujets, des croyants ! Que de temps et de sang et de vertu il

a fallu pour les briser les unes après les autres,
pour faire qu'à la fin le maître perdît le droit de
jeter ses esclaves au vivier, le roi de jeter ses
sujets à la Bastille, le père de jeter sa fille au
couvent, l'Église de jeter l'hérétique au bûcher,
pour renverser tant d'iniquités qui ont eu force
de loi! Cette lente émancipation de la personne
humaine, n'est-ce donc pas toute l'histoire? Et les
étapes de la liberté ne sont-elles pas les dates les
plus glorieuses du passé? La cité grecque affranchit le citoyen; le droit romain affranchit l'enfant
et l'étranger[1]; le christianisme affranchit les
âmes[2]; la Réforme affranchit la conscience religieuse[3]; le parlementarisme anglais affranchit le
sujet; la Révolution française achève toutes ces
conquêtes et les consacre en déclarant les droits
de l'homme[4]. C'est à tout cela qu'on ferait bien
de penser quand on veut établir une sorte de
bilan de l'individualisme.

Il reste vrai, d'ailleurs, que la liberté n'est pas
le but, mais seulement un moyen nécessaire;

---

1. Par la limitation de plus en plus étroite de la *patria
potestas* et par l'extension du droit de cité.

2. Par la distinction du temporel et du spirituel.

3. En imposant à chaque homme le devoir d'être *son
prêtre.*

4. Qui ne sent l'arbitraire de ce jugement que M. Brunetière est tout heureux d'emprunter à Taine: « La Révolution n'a été qu'une translation de propriété? »

que l'affranchissement de la personne humaine n'est qu'une première phase de la civilisation; et que le but de la vie sociale est toujours l'unité, l'unité de la nation, et, dans l'avenir, l'unité du genre humain. Seulement nous concevons cette unité toujours désirable, comme une libre unité, comme une union des volontés, et non plus comme cette unité d'action qu'assure la force. L'autorité brutale doit tomber, et à sa place doit se faire reconnaître une autorité morale; l'autorité extérieure doit se transformer peu à peu en une autorité intérieure. Assurément la transition de l'une à l'autre sera longue et laborieuse. Il y a là pour nos sociétés comme une crise de croissance. S'il est bon de s'en rendre compte et de s'en inquiéter, nous savons du moins ce qui serait nécessaire pour la terminer heureusement, et ce que nous devons appeler de nos vœux et de nos paroles : la formation d'un esprit public, actif, énergique, qui ferait équilibre à la liberté de penser, et réprimerait, en effet, les écarts, les fantaisies des opinions individuelles; des mœurs fortes et sévères qui contiendraient la liberté des relations privées; des habitudes enracinées de respect des lois et d'égard pour les droits du voisin, l'habitude du *fair play* en toutes choses, qui serviraient de règle au sentiment de l'individualité; enfin des associations multipliées,

professionnelles, patriotiques, charitables, religieuses, de jeu même, pour relier les individus
les uns aux autres par mille liens de sympathie
et de collaboration, croisés en tout sens autour
de leurs cœurs[1]. Et encore ne faut-il pas
oublier que, si nombreux et si forts que soient
ces liens, la société a et aura toujours besoin
d'être gouvernée, et d'avoir à sa tête des hommes
de caractère qui maintiennent l'ordre public par
l'application stricte et impartiale de toutes les
lois, avec d'autant plus de soin que les libertés
publiques sont plus grandes. Il y a donc un

1. Qu'on me laisse ajouter en note deux vieilles et fami-
lières réflexions. Pour l'esprit public, dans quelle mesure
contribuerait à le former un journal qui serait fondé, non
pour gagner de l'argent ni pour servir un parti, mais pour
apprécier les événements publics et juger les opinions au
point de vue des principes philosophiques? c'est ce qu'il
est difficile de dire, mais l'idée n'est-elle pas de nature à
exciter l'enthousiasme et le zèle de quelques jeunes gens?
A vrai dire, il faudrait deux publications de ce genre,
l'une qui s'adresserait plutôt aux hommes publics, et
l'autre à la foule. Est-il donc tout à fait impossible qu'il se
rencontre un grand patriote millionnaire qui achèterait le
Petit Journal pour le faire servir à l'éducation du peuple?
— Et pour les mœurs, c'est un souvenir que je veux rappeler : dans le même temps, en Angleterre, l'illustre Par-
nell, chef du parti nationaliste irlandais, ayant été con-
vaincu d'adultère, fut forcé par l'opinion de résigner son
mandat, et la moitié de son parti l'abandonna; en France,
le général Boulanger vit sa popularité se répandre tout à
coup dans le grand monde avec le bruit de ses conquêtes
féminines.

champ d'application de nos principes où l'appréciation des faits particuliers est libre en une
grande mesure, et où les partis politiques avec
leurs programmes opposés, conservateurs ou
progressistes, trouvent naturellement leur place.
Et certes il est bien permis de penser qu'en
France nous montrons beaucoup trop de répu-
gnance et de maladresse à nous engager dans une
action commune; et il est bon qu'on secoue notre
égoïsme. Quoiqu'il soit difficile de décider si cet
excès d'individualisme, qui nous porte à nous
effacer en appelant le secours de l'État, n'est pas
lié profondément à un excès de l'autorité, s'il
n'est pas l'empreinte laissée par le joug longtemps porté.

Mais, au milieu de ces jugements contingents, il
y a quelques points fixes. Il reste toujours nécessaire que la pensée soit libre. Dans le domaine de
la vérité, il ne peut y avoir d'autre autorité que
celle de la raison. La liberté d'examen est le
principe de la civilisation moderne. Au moment
où l'orthodoxie du moyen âge tombait en ruines
et où la science naissait, Descartes est venu et il
a posé le fondement de la foi nouvelle : « Ne
recevoir jamais aucune chose pour vraie que je
ne la connusse évidemment être telle ». C'est la
formule du rationalisme. Je me souviens que le
Correspondant a plus d'une fois dénoncé ce prin-

cipe comme l'erreur par excellence d'où découle toute hérésie. Aujourd'hui, M. Brunetière reprend la thèse du *Correspondant*, et, enflammé par le souvenir de Bossuet, il condamne Descartes[1]. Mais il faut voir où l'on va ainsi. Les plus grands intérêts de la société ne sauraient prévaloir contre la nature des choses qui veut que la vérité n'existe que pensée par un esprit individuel. La société peut imposer le silence à l'esprit de l'individu, elle ne peut le faire penser. Elle peut faire répéter à tous les mêmes paroles; elle ne peut en entretenir le sens, qui s'abolit dès qu'il cesse de jaillir de la foi intérieure. Nul n'entend la vérité qu'en lui-même. Nul ne la connaît, s'il ne la découvre avec un visage nouveau. Il est permis de commenter ainsi la parole sacrée : « L'esprit de Dieu est là seulement où est la liberté ». Ces lois de la vie spirituelle sont si éclatantes que notre foi philosophique est bien tranquille. Si par impossible la parole de M. Brunetière était entendue, si nos enfants reniaient le principe cartésien et si quelque orthodoxie nouvelle faisait passer son niveau sur leurs esprits, la civilisation serait appauvrie de la

1. Dans sa conférence de Bordeaux. « Le véritable créateur de l'individualisme, c'est Descartes, le jour où il a posé sa maxime : ne recevoir pour vrai.... Pascal et Bossuet tentèrent vainement l'un de l'imiter, l'autre de ruiner l'individualisme. » (Compte rendu de la *Petite Gironde*.)

contribution du génie français (*Di meliora v lint*), mais elle suivrait son cours ailleurs. Et notre patriotisme non plus n'est pas trop inquiet. Nul peuple n'a plus fait que celui-ci pour la liberté de la pensée humaine. A chaque siècle, cette terre a produit des esprits libérateurs, les Abailard et les Gerson, les Montaigne et les Rabelais, les Descartes et les Pascal, les Voltaire et les Rousseau. Elle n'a pas paru épuisée dans ce siècle; et nos derniers grands morts, un Renan, un Taine, sont de la même lignée.

Et qu'on ne croie pas que la science seule ait besoin de liberté, et que seule elle doive prendre sous sa protection la conscience individuelle. La religion doit sentir aussi qu'elle n'a pas de plus sûr asile, et que c'est au fond même de la conscience, là où se fait sentir l'inspiration divine, qu'est posé son fondement éternel. Écoutons comment parle un homme vraiment religieux : « La société oublie encore que, toute respectable et nécessaire qu'elle est, l'homme ne fut pas créé exclusivement pour elle; qu'elle est aussi bien le moyen de l'individu que l'individu est son moyen; que la Providence, peut-être, a moins commis l'homme à la garde et au perfectionnement de la société que la société à la garde et au perfectionnement de l'homme; que l'humanité n'est réelle et vivante que dans l'individu; que lui seul aime, croit,

espère, obéit; qu'il est donc le véritable objet de
l'attention divine et du jugement divin; que ce
n'est pas la société, mais l'homme qui comparaîtra,
et qui déjà tous les jours comparaît devant le tri-
bunal éternel. Il faudrait faire totalement abstrac-
tion d'une économie future pour méconnaître ou
mépriser ces vérités; c'est parce qu'on croit peu
ou qu'on ne pense guère à l'avenir des individus
qu'on parle beaucoup de celui des sociétés; et la
croyance vive, l'attente sérieuse d'un autre monde
suffiraient pour réveiller dans les âmes l'individualité qui s'éteint sans remède dans l'absence de
cet immense intérêt[1]. » Nous craignons que
M. Brunetière n'entende pas ces paroles chrétiennes. Tout dernièrement encore, il écrivait :
« L'institution sociale ne peut avoir d'autre objet
que de tendre au perfectionnement de l'espèce,
et l'individu n'en saurait avoir d'autre que de
tendre au perfectionnement de l'institution
sociale[2] ». Non seulement c'est la négation de
toute « économie future », mais c'est l'énon-
ciation dans les termes les plus formels de cette
religion de l'humanité, de ce positivisme athée
dont il enseignait le catéchisme selon Auguste
Comte aux élèves du lycée Lakanal, il y a un peu

1. Vinet, *Mélanges.*
2. *La moralité de la doctrine évolutive*, p 32.

plus de trois ans. Dans l'intervalle, il est vrai, il a annoncé qu'il s'était « entendu » avec le Saint-Père[1], sans doute pour lui consacrer sa parole, et lui soumettre la Revue qu'il dirige, la vieille Revue libérale, maintenant repentie; mais il réservait « l'indépendance de sa pensée » et il ne cachait pas que la foi, « qui est la chose qui ne se donne point », lui manquait. Il expliquait d'ailleurs pour quelles raisons il passait au catholicisme. Il ne s'agissait pour lui « que de choisir entre les formes du christianisme celle qu'on pourrait le mieux *utiliser* à la régénération de la morale ». Il avait donc comparé le protestantisme et le catholicisme, et il avait *choisi* le catholicisme pour trois raisons : parce qu'il y trouvait un gouvernement, une tradition et une sociologie. Dans tous ces mouvements de sa pensée, disons dans cette évolution pour lui faire plaisir[2], on n'aperçoit jamais autre chose que l'esprit toujours persistant du positivisme. Depuis, cependant, il semble s'être éloigné de cette doctrine, et il a tenté de s'élever jusqu'à l'idéalisme. On se rappelle la conclusion d'une conférence faite à Besançon :

1. « Il n'y a pas besoin de discuter les conditions, ou les termes d'une entente; — et elle est faite. » (*Après une visite au Vatican.*)

2. M. Brunetière reproche à M. Zola « d'être l'homme du monde qui depuis un quart de siècle a le moins évolué ».

« Soyons donc idéalistes ». Mais il avouait que sa foi était encore « bien vague et bien flottante », et il s'excusait de « ne pouvoir rien dire de plus, ni surtout de plus affirmatif[1] ». Ainsi donc, à moins d'un miracle tout récent, toujours rare, et dans l'espèce bien invraisemblable, M. Brunetière est encore un incrédule. C'est donc un spectacle piquant que donne notre critique littéraire : libre penseur, il s'élève contre la libre pensée; positiviste d'esprit et de tendance, il prêche l'autorité de l'Église; incrédule, il enseigne dans les cercles catholiques et il édifie le clergé. En terminant son article sur le dernier roman de M. Zola, il suppliait ce romancier, avec une ironie spirituelle, d'avoir pitié de Pascal. Ne serions-nous pas justifié autant et plus à demander si lui-même se sent bien en règle avec l'auteur des *Provinciales,* et s'il ne pourrait pas être entre eux parlé de pitié. Mais l'ironie ne se manie guère sans injustice. Une parole nette et directe vaudra mieux. Disons donc que la philosophie maintient la distinction que la religion a établie entre les intérêts temporels de la société et les intérêts éternels de l'âme. Il y a une sphère de devoirs dans laquelle l'individu appartient à la société; c'est, pour abréger, la sphère de l'action.

1. *La Renaissance de l'idéalisme,* p. 88.

Et il y a une autre sphère de devoirs dans laquelle il ne doit compter qu'avec Dieu, c'est la sphère de la conscience. Il n'est donc pas permis de subordonner la vérité à l'utilité sociale, ni même à la paix morale[1]. C'est là le principe moral que M. Brunetière a méconnu.

Cela dit, il est juste et il ne nous coûte nullement de reconnaître les services qu'il rend par ailleurs à l'esprit public. Il défend le principe d'autorité, ce qui n'est ni sans utilité ni sans mérite dans les temps de liberté. Il ose parler librement, quand tout le monde se tait par peur ou par respect humain, des vices dont nous souffrons le plus, de notre pornographie, « que nous sommes fiers d'exporter jusqu'aux extrémités de l'univers[2] », de notre presse frivole, vénale et menteuse. C'est un plaisir de voir avec quelle hauteur de paroles il repousse les avances du journal la *Libre Parole*[3]. Il a le goût de l'ordre; il a plus encore, un certain instinct de ce qui est grand et noble, « cet instinct qui nous élève » dont parle Pascal. Souhaitons seulement qu'il soit fidèle aux engagements de sa nouvelle profession

1. Voir *Revue de métaphysique et de morale*, mai 1890 : La paix morale et la sincérité philosophique, par L. Brunschvicg.
2. *Après le Procès.*
3. *La Renaissance de l'idéalisme*, Avant-propos.

de foi. Puisqu'il veut être idéaliste, qu'il ne dise pas de mal de la raison qui est en quelque sorte le sanctuaire des idées; qu'il apprenne à mettre les intérêts de la conscience au-dessus des plus grands intérêts de la société; et qu'il se garde du blasphème contre le Saint-Esprit, dont l'Évangile, si clément, a dit que c'est le péché qui n'est jamais remis, ni dans ce siècle, ni dans celui qui est à venir.

APRÈS UNE VISITE AU VATICAN
DE M. BRUNETIÈRE

(Extrait de la *Revue de Métaphysique et de Morale*,
mars 1895).

APRÈS UNE VISITE AU VATICAN
DE M. BRUNETIÈRE

Le 31 juillet dernier, M. Brunetière adressait aux élèves d'un collège un discours pleinement, strictement positiviste[1]. Cinq mois après, au retour d'une visite au Vatican, il annonçait *urbi et orbi*, peut-on dire[2], que pour lui, l'entente était faite avec l'Église catholique. Toutes les fois qu'un esprit sincère dépouille ses croyances de jeunesse pour en former de nouvelles, cette évolution, pour parler comme M. Brunetière, ou plutôt cette conversion nous intéresse; car nous y sentons le fait peut-être le plus mystérieux de l'histoire de l'âme; seulement, le fait est, en même temps, si intime, si personnel, qu'on éprouverait quelque malaise à l'examiner avec une curiosité trop libre.

1. Voir *le Temps* du 1er août. Dans ce discours éloquent, M. Brunetière recommandait à ces jeunes gens « de ne pas obscurcir l'évidence du devoir d'agir d'une métaphysique inutile ».

2. *Revue des Deux Mondes*, 1er janvier 1895.

Mais M. Brunetière ne paraît avoir traversé aucune crise de ce genre. Il expose seulement les raisons d'ordre général qui peuvent agir sur l'opinion publique, et l'engager dans le sens où il s'est lui-même résolu. Ses réflexions appartiennent donc pleinement à la discussion publique. Et le retentissement que leur assure sa haute situation dans l'Université et dans les lettres, nous a paru en faire une *question du jour*.

M. Brunetière touche aux trois points suivants : les rapports de la science et de la religion ; les rapports de la morale et de la religion ; la comparaison du protestantisme et du catholicisme. Nous ferons, avec toute l'exactitude possible, un précis de ses raisons, afin qu'en les considérant dans leur formule nue, on les pèse plus aisément aux balances de la raison philosophique.

I

« La science a prétendu remplacer la religion ; et elle a perdu la partie. En effet les sciences de la nature nous avaient promis de supprimer le mystère. Et le mystère subsiste. Ni l'anatomie ni la physiologie ne nous ont rien appris de notre destinée[1]. Les sciences philologiques n'ont pas mieux tenu leurs promesses; hellénistes, hébraïsants, orientalistes ont échoué à prouver la fausseté de la religion chrétienne. Enfin les sciences historiques ne nous affirment rien de décisif sur la grande question qui est ici de savoir s'il y a une loi de l'histoire. »

Quand on instruit le procès de la science, il serait juste de mettre hors de cause les sciences philologiques et les sciences historiques qui ne sont pas des sciences. On ne doit voir dans l'orientalisme, dans l'hellénisme, dans l'exégèse, que de l'érudition; et c'est à l'Académie seulement, et par politesse, qu'un érudit s'appelle un savant. Il apparaît alors que l'érudition n'a pas à trancher des questions purement théoriques, à décider, par exemple, sur la divinité de Jésus-Christ, ou sur le dogme de la Trinité. On peut accorder ce point à M. Brunetière. Ce qui n'empêche pas que les résultats de l'érudition depuis deux siècles soient

---

1. M. Brunetière ajoute : « C'est en effet sa destinée qui détermine la vraie nature d'un être ». Proposition qu'on n'entend pas bien, et qui, pour avoir un sens, devrait être retournée. Aussi ne faut-il pas dire que la physiologie n'a rien à faire avec notre destinée, avec la destinée de l'âme, bien entendu; car, pour la destinée du corps, elle nous renseigne surabondamment. Au contraire, elle donne au doute une précision terrible. Comment se fait-il qu'à l'heure actuelle chacun évite comme le feu l'occasion de s'expliquer sur la vie future?

immenses. Les exégètes discutent encore, et sans
doute ils discuteront toujours certaines questions
de date ou d'authenticité. Mais l'exégèse a changé
toute la perspective des origines juives et chrétiennes. Il n'est plus possible de revenir au point
de vue des *Élévations sur les mystères* ou des
Pensées de Pascal, si ce n'est par un dilettan-
tisme de lettré. Nous ne conseillerions pas à un
séminariste de Saint-Sulpice de lire les ouvrages
de Baur ou de Reuss, ou de chercher à distinguer dans la compilation séculaire qui forme les
cinq livres dits de Moïse les traditions jéhovistes
et élohistes : il ne le ferait pas impunément.

Il en est de même de l'histoire. Il y a une certaine naïveté à lui demander de terminer le débat
du déterminisme et de décider si l'homme est
libre. Ce sont là des thèses philosophiques, un
peu trop à l'usage des gens du monde. Comme le
disaient les anciens, l'histoire raconte, elle ne
prouve pas. Mais sans dogmatisme, insensible-
ment, elle fait son œuvre qui est si grande, qu'elle
en est effrayante : elle nous découvre la lente
formation des dogmes révélés qui se transforment sous nos yeux en conceptions relatives et
humaines; elle dissout, dans le flot toujours re-
nouvelé des phénomènes, les idéaux, l'idéal religieux, l'idéal moral que l'homme adorait sous des
noms divins. C'est un mal peut-être. Mais il est

certain que l'homme n'en guérira pas, à moins
qu'il ne perde la mémoire.

Enfin, pour la science proprement dite, qui consiste dans la détermination des lois de la nature,
il est vrai qu'elle est relative, et qu'elle ne peut
supprimer le mystère, ni nous entretenir de Dieu.
Mais il est faux qu'elle l'ait jamais promis. On se
rappelle le mot célèbre par lequel Dubois-Reymond
terminait un discours adressé aux naturalistes
allemands sur les bornes de la science : « Ignora-
bimus ». Et on trouverait les mêmes déclarations
dans cent passages des écrits de Helmholtz, de
Huxley, de Dumas, de Cl. Bernard, etc., avec
lesquels on ne peut, en ces matières, mettre en
balance l'autorité de Condorcet ou celle de Renan
qui ne sont pas des hommes de science. Ce sont
pourtant les deux seules autorités que cite M. Brunetière à l'appui de son assertion. C'est aussi par
une méprise évidente qu'il croit que l'on attend
de la science les biens de l'âme depuis trois ou
quatre cents ans. Il y a trois cents ans, et à plus
forte raison, il y a quatre cents ans, la science
n'existait pas. La doctrine qui a demandé à la
science le gouvernement de la vie morale est
proprement le positivisme, qui date d'un demi-
siècle à peine. D'ailleurs la véritable question
n'est pas là. De toutes les recherches de l'histoire, de toutes les découvertes de l'érudition, de

toutes les vérités acquises à la science et qui ne
passeront pas, il s'est dégagé depuis assez longtemps et de plus en plus se précise une conception positive du monde qui diffère profondément de la conception théologique, élaborée dans
les premiers siècles du christianisme. M. Brunetière se hâte trop de conclure que « la sépara-
tion du domaine respectif de la certitude scientifique et de la certitude inspirée est un fait
dûment acquis[1] ». Le conflit, au contraire, des
deux « certitudes » est si essentiel qu'il éclate à
la première affirmation de la science, l'affirmation du mouvement de la terre. Au xviiie siècle,

1. M. Brunetière ajoute que « la physique ne peut rien
contre le miracle, puisqu'il se définit par une dérogation
de la nature à ses lois ». Contradiction si étrange que l'on
croirait à une erreur de rédaction, si le contexte ne mon-
trait que la sécurité d'esprit de M. Brunetière repose tout
entière sur cette cavillation. A tout autre il paraîtrait
impossible d'affirmer à la fois les lois de la physique et la
violation de ces lois. Oserons-nous toucher à cette question du miracle? Nous nous souvenons d'avoir lu dans la
Vie littéraire de M. France des pages subtiles où l'ingénieux essayiste démontrait qu'il n'y a que le scepticisme
le plus aigu pour bien croire au miracle. Le dogmatisme
philosophique pense un peu différemment. Essayons de le
faire parler. Au point de vue de la science expérimentale,
le miracle n'est pas rigoureusement impossible. Il est
contraire à l'esprit de la science, et il est absolument invé-
rifiable. Mais enfin la science est abstraite. Elle laisse, elle
laissera éternellement subsister dans les phénomènes une
part de contingence assez grande pour qu'elle ne puisse
décider si un fait particulier, si exceptionnel qu'il paraisse,

il est devenu déjà si aigu, que la religion en a été ébranlée dans ses fondements. Il s'en est suivi de nos jours une grande lassitude, et un scepticisme général, à la faveur duquel quelque apaisement s'est fait. Mais l'écart entre les deux conceptions n'a pas cessé de s'accroître. Et le conflit subsiste toujours. Quand prendra-t-il fin? On ne le prévoit pas. Sans doute l'esprit humain qui porte également dans son sein les religions et les sciences n'est pas essentiellement antinomique; le sentiment religieux et la conception de la nature, pris à leur source, ne sont nullement inconciliables. Mais pour que la réconciliation se fasse, il faudra

est absolument contradictoire avec ses lois, ou s'il n'y déroge que partiellement et provisoirement, ou s'il fait partie d'un fonds de contingence radicale, rebelle à toute loi. Pour exprimer d'une manière populaire ce jugement complexe, on pourrait dire qu'il n'est pas impossible qu'un savant médecin croie aux miracles, mais qu'il y a cependant bien des chances pour qu'un médecin qui y croit ne soit pas un savant. Au point de vue philosophique, il faut d'abord distinguer le miracle physique, matériel, qui consiste dans une action particulière et exceptionnelle de Dieu sur la nature, et le miracle moral qui consiste dans une action spéciale de Dieu sur les âmes. Or, ici, le miracle matériel n'apparaît plus seulement comme contraire à toute l'expérience scientifique, mais comme contradictoire avec les catégories mêmes de notre esprit, qui sont, pour parler comme Kant, les conditions de toute expérience possible; il faut donc bien le tenir pour impossible *à priori*. Quant au miracle moral, qui se produirait dans un ordre de choses où il n'y a plus ni matière, ni mouvement, ni que la conception théologique se plie sur la conception scientifique; car l'une est subjective, et l'autre est fondée sur la nature des choses. En attendant, s'il est chimérique d'attendre de la science la nourriture de l'âme, il est déraisonnable et peut-être est-il interdit moralement de détourner volontairement ses yeux des vérités de de la science, parce que la science les blesse. Il est possible que nous trouvions pénible la lutte de notre cœur et de notre raison : c'est la condition humaine. A ceux qui ne veulent que la paix, il est permis de se retirer dans les monastères; ils n'ont rien à nous apprendre.

déterminisme, où l'on ne sait plus même ce qui reste du temps, où la distinction du naturel et du surnaturel s'évanouit, il reste possible. Au fond, le problème de la liberté et le problème de la grâce ne sont qu'un même problème. Et comme l'idée de la liberté est inhérente à la morale, l'idée du miracle moral, réclamé par la prière, est inhérente à la religion. Et il faut bien admettre que la foule, incapable de saisir cette idée dans sa pureté spirituelle, la symbolise par le miracle matériel. Il y a une part de superstition nécessaire dans toute religion. C'est à l'opinion, à l'esprit philosophique, à l'esprit scientifique surtout, si salutaire à cet égard, à retenir la religion sur la pente (un peu glissante peut-être en ce moment) des superstitions grossières.

II

Sur la morale, M. Brunetière est plus réservé. Il n'ose décider si une morale indépendante est possible, ou impossible, il prononce seulement qu'elle n'est pas mûre. D'ailleurs, au fond de toutes les idées morales formées depuis deux mille ans, il croit retrouver une déformation ou ou un déguisement de quelque idée chrétienne. Dans le pessimisme de Taine il retrouve le dogme du péché originel; dans les morales mystiques, l'idée de la grâce; dans la morale de l'autonomie de la volonté, l'idée de la justice absolue; dans la morale positiviste, « l'idée de la catholicité ».

Il est regrettable que M. Brunetière se contente d'énoncer toutes ces propositions intéressantes sans les justifier. Nous ne savons, par exemple, à quelles doctrines il fait allusion en parlant des morales mystiques. Quant à la morale positiviste qui nous propose pour fin le bonheur terrestre, tout le monde sait que c'est une idée essentiel- lement païenne[1]. Si le catholicisme s'en rap-

1. Voir entre mille autres témoignages celui de Guyau

proche — encore n'est-ce guère qu'en Amérique — c'est, en tout cas, par un abandon de ses principes. La morale de l'autonomie de la volonté est précisément la morale indépendante que cherche M. Brunetière, et qu'il ne croit pas mûre; et il n'est pas de doctrine qui soit plus opposée à la morale catholique. Enfin, pour le pessimisme de Taine, le lecteur aura souri à la pensée d'y rencontrer l'idée du péché originel. Le pessimisme de Taine, comme celui de Hobbes, est le fruit naturel du matérialisme. Taine aime à dire que la maladie est l'état naturel du corps; cette parole sonne comme celle de Pascal : la maladie est l'état naturel de chrétien. Mais celui qui les rapproche n'entend pas les choses de l'esprit. Taine nie la spontanéité heureuse de la nature, il nie la bonté des choses comme la bonté de l'homme. Il lui semble que la vie, que la raison sont un miracle du mécanisme, un tour de force de l'aveugle nécessité qui ne peut réussir que par un hasard prodigieux. Chaque fois qu'il sentait son cœur battre, il devait se demander avec inquiétude comment il se faisait qu'il ne s'arrêtât pas. Il transportait naturellement son idée du mécanisme dans l'ordre social. Et là, comme il ne comptait ni sur la Providence, ni

dans *la Morale d'Epicure*, où la filiation des idées positivistes est bien marquée.

sur la finalité naturelle, il ne pouvait compter
que sur le gendarme[1]. C'est l'esprit du véritable
réactionnaire. Le péché originel n'a rien à y voir.
Nous avons hasardé jadis cette idée qu'à la différence du siècle précédent qui a rejeté la religion sans la comprendre, notre siècle a eu pour
tâche de séculariser les idées religieuses (Cha-
teaubriand, Lamennais, Renan et tant d'autres).
Mais nous trouvons qu'on les sécularise trop. On
ne nous parle que du péché originel, à propos
de l'hérédité des maladies ou du crime, comme
si nous n'avions pas tous péché également en
Adam. Le péché originel est un dogme chrétien,
en relation nécessaire avec les autres dogmes de
l'Incarnation, de la Rédemption, etc. Comme
dogme, il est plein de sens. Comme fait psycho-
logique, il faut le dire, il n'en a aucun[2].

Quant à la question générale des rapports de

1. Voir *l'Ancien Régime*, p. 312 : « La santé de notre
esprit, comme la santé de nos organes, n'est qu'une réus-
site fréquente, et un bel accident.... A proprement parler,
l'homme est fou, comme le corps est malade, par nature »,
— et plus loin (p. 316), sur la nécessité du gouvernement,
avec ses mille rouages, « et au bout le ressort final, l'in-
strument efficace, je veux dire le gendarme armé contre le
sauvage, le brigand et le fou que chacun de nous recèle
endormis dans la caverne de son cœur ».

2. Philosophiquement, le péché originel n'est pas un fait,
c'est une idée; c'est l'idée même du *péché*, conçu comme
le mal de l'humanité en propre. Et cette idée fait entrer
l'homme dans la cité morale, la cité de la loi, qui d'une

la morale et de la religion, elle est bien, pour la France, l'une des questions les plus essentielles. M. Brunetière ne s'y est pas trompé. Peut-être seulement a-t-il eu le tort de la trancher en quatre lignes. Nous l'avons traitée jadis, et un jour ou l'autre nous nous promettons d'y revenir. Il nous suffira de dire ici que la morale est laïcisée en France depuis le xvie siècle, depuis Montaigne.

III

M. Brunetière passe, alors, à la comparaison du protestantisme et du catholicisme; et il donne la préférence au catholicisme parce qu'il est un gouvernement, une tradition, et une « sociologie ». Nous reproduisons fidèlement les termes de cet étrange parallèle. « Le protestantisme est anarchique; le catholicisme est un gouvernement. Le protestantisme abandonne au sens individuel l'interprétation de la doctrine; le catholicisme est une doctrine traditionnelle et fixée. Enfin le pro-

certaine manière est en dehors de la nature. Le péché originel a donc une profonde signification morale que nous sommes loin de méconnaître. Et nous savons aussi qu'il ne serait pas trop malaisé de retrouver cette interprétation dans saint Paul. Mais nous sommes assuré que M. Brunetière ne la trouvera pas dans Darwin.

testantisme est la religion du salut individuel; le catholicisme enseigne la solidarité des œuvres et des mérites, il est une sociologie. Donc la religion qui peut le mieux servir à la régénération de la morale est le catholicisme. »

Qu'un homme pieux estime au-dessus des autres la religion à laquelle il appartient, il est dans la vérité. Car la religion la plus vraie pour lui est bien celle dont il reçoit sa nourriture spirituelle. Mais pour celui qui n'a pas « la foi », et qui, du dehors, compare des religions, on peut demander à quelle unité il les mesure, sur quel principe de vérité il les juge. Au moins faudrait-il approfondir le plus possible les définitions tranchantes au moyen desquelles on découpe ces réalités vivantes, si complexes. Par exemple, on dit que le catholicisme est un gouvernement; il faudrait ajouter au moins que c'est un gouvernement despotique des âmes. Le protestantisme ne laisse pas d'être un gouvernement, puisqu'il y a des églises protestantes. Seulement c'est un gouvernement démocratique (plus ou moins d'ailleurs, suivant les sectes). Dans le catholicisme, le gouvernement est absolument en dehors du corps des fidèles; dans le protestantisme, il a sa source, plus ou moins directement, dans le corps des fidèles. Or le problème politique en France et bientôt dans toute l'Europe, est ou va être l'organisation de la démocratie. Le protestantisme n'est-il pas la religion, où, en qualité de fidèle et dans les choses de la foi, le citoyen de nos sociétés démocratiques ferait le mieux l'apprentissage du self-government? Comme le problème est infiniment complexe, nous nous garderions bien de décider si vite; nous voulons seulement montrer combien il est facile, dans ces sujets, de faire apparaître les mêmes idées sous un aspect différent.

Et il en est de même de la deuxième proposition de M. Brunetière. Il a bien aperçu, ce nous semble, les deux différences essentielles des deux religions. La première est dans l'organisation de l'Église; la deuxième est dans la doctrine. Le protestantisme met le principe du salut dans la foi; le catholicisme le met plutôt dans les œuvres. Et la foi est un principe individuel; les œuvres ont naturellement ou prennent volontiers un caractère social. Cela est juste; mais cela suffit-il à dire? La foi est un principe individuel, parce qu'elle est un principe spirituel. Un homme qui n'agit pas par une foi intérieure est un homme extérieur à lui-même, un reflet, une chose. Et un peuple qui a une religion sans avoir de foi, est comme s'il n'avait pas de religion. Car la foi est la vie de l'âme. Voilà, semble-t-il, ce qu'il faudrait ajouter. Et il faudrait prendre garde aussi

que la réversibilité des mérites, comme l'entend
M. Brunetière, pour en faire honneur au catholicisme, est une maxime odieuse à la conscience
morale. Il est commode sans doute pour le mon-
dain de penser que « la carmélite aux pieds nus
qui pleure dans son cloître sur les péchés qu'il
commet, les efface ». Mais cette pensée est détes-
table, et si c'est là une « sociologie », la sociologie
est la plus immorale des sciences. Heureusement,
ce n'est ni de la science, ni de la morale, ni
même, croyons-nous, de la religion. Et peut-être
les catholiques récuseront-ils aussi bien que les
protestants le témoignage de M. Brunetière. En
tout cas, ses raisons paraissent bien minces et
bien arbitraires. Nous nous souvenons qu'un économiste belge, M. Laveleye, avait demandé à
l'expérience historique de prononcer entre les
deux religions. Il opposait les pays catholiques, la
France, l'Italie et l'Espagne, aux pays protestants;
et au point de vue des mœurs, de la richesse, du
gouvernement, à tous ces points de vue, l'expérience ne paraissait pas favorable au catholicisme.
Il aurait pu comparer de même (et peut-être le
faisait-il, nous l'avons oublié) les républiques catholiques de l'Amérique du Sud à la grande ré-
publique protestante des États-Unis. Et les résultats de cet examen paraîtraient encore plus déci-
sifs. Bien auparavant, Montesquieu avait comparé

les deux religions en se plaçant au point de vue
social, comme le fait M. Brunetière. Mais il rai-
sonnait un peu différemment. Avec sa profondeur
habituelle, il expliquait pourquoi les pays protestants doivent être plus peuplés, plus riches et
plus florissants que les pays catholiques. Et il
concluait ainsi : « J'ose le dire : dans l'état présent où est l'Europe, il n'est pas possible que la
religion catholique y subsiste cinq cents ans.
Avant l'abaissement de la puissance d'Espagne,
les catholiques étaient beaucoup plus forts que
les protestants. Ces derniers sont peu à peu par-
venus à un équilibre, et aujourd'hui la balance
commence à l'emporter de leur côté. Cette supériorité augmente tous les jours ; les protestants
deviendront plus riches et plus puissants, et les
catholiques plus faibles[1]. » On est effrayé de l'exactitude avec laquelle, depuis près de deux siècles,
l'événement a vérifié ces paroles prophétiques.

Pourtant nous voulons rappeler que l'histoire à
la rigueur ne prouve pas, parce qu'elle ne fait
pas saillir avec assez d'évidence les rapports de
cause à effet. Un logicien résolu pourrait toujours
soutenir que les républiques américaines du Sud,
soumises à une autre discipline que celle de
l'Église catholique, seraient plongées dans une

____

1. *Lettres persanes.* Lettre CXVIII. La première édition
est de 1721.

anarchie plus profonde ; que dans nos pays latins, l'initiative individuelle, affranchie de la tutelle ecclésiastique, serait plus timide encore et moins réglée. Mais comment refuserait-on de reconnaître qu'il y a là bien des raisons de douter et de réfléchir ? Tout au plus pourrait-on dire, avec plus d'apparence de vérité, que nous sommes, nous Français, condamnés par la fatalité de l'histoire et de la race à choisir entre le catholicisme et la libre pensée négative, et que notre génie latin nous voue pour toujours, dans l'ordre religieux, à l'Église de Rome. Selon un mot curieux de M. Brunetière, le protestantisme aurait pour lui la « raison » ; le catholicisme aurait pour lui « la logique[1] ». Or, de même que nous sommes faits pour l'action plutôt que pour la foi profonde, nous préférons la logique à la raison. Mais ici même, il faut prendre garde que les fatalités historiques ne sont pas prédéterminées, elles sont l'œuvre de la liberté. Comme elles se sont faites, elles peuvent lentement, très lentement se défaire, mais combien plus difficilement ! Nous n'avons pas la prétention d'apporter une conclusion sur ce point.

[1]. C'est le pavé de l'ours que les catholiques paraissent avoir reçu de bonne grâce, sans doute en faveur de l'intention.

IV

M. Brunetière conclut au contraire; et pour lui
« la conclusion est évidente ». « Il tombe d'accord avec l'Église de trois ou quatre points de
grande importance. » Cela suffit : « il n'y a pas
même besoin de discuter les conditions, ou les
termes, d'une entente; — et elle est faite ». Le
lecteur à qui M. Brunetière s'adresse est mis en
demeure de chercher à comprendre cette décla-
ration, et d'en presser le sens. En quoi peut con-
sister une entente entre un simple particulier et
l'Église catholique? En y rêvant un peu, on
trouve au moins deux interprétations possibles.
Ou le simple particulier annonce par là (et encore
le terme ne laisse pas d'être impropre) qu'il de-
vient un des fidèles de l'Église, qu'il prendra sa
part du culte de l'Église, qu'il ne jugera que selon
les décisions de l'Église. Ou bien s'il n'a pas « la
foi »[1], il veut déclarer plutôt que, comme écri-

1. C'est M. Brunetière, à peine est-il besoin de le dire,
qui entretient le lecteur de ce point délicat : il dit plus
haut de lui-même : « Nous ne le pourrions (demander le
salut au catholicisme) que dans la mesure où nous aurions
la « foi », — qui est la chose qu'on ne se donne point. »

vain, comme membre actif de la société, il ser-
vira selon ses forces la politique de l'Église. Ou
profession de catholicisme, ou profession de clé-
ricalisme, « l'entente » doit sans doute se rap-
porter à l'un des deux termes de cette alternative;
et nous ne pouvons douter du sens qu'elle a pour
M. Brunetière : ce n'est qu'une profession de clé-
ricalisme [1].

Et maintenant, si le sens de la conclusion est
suffisamment explicite, dirons-nous que la conclusion elle-même est « évidente », c'est-à-dire
conséquente aux prémisses? Voici les trois propositions dont M. Brunetière fait dérouler logique-
ment son accession à l'Église. « Les sciences
morales sont distinctes des sciences naturelles »;
— « La vertu n'est que la victoire de la volonté

1. Depuis, la chose est devenue plus évidente. J'ai relevé
quelques témoignages de M. Brunetière lui-même sur ce
point dans l'article qui précède. Je rencontre une appréciation piquante dans un article bibliographique du *Journal de Saint-Pétersbourg* (mercredi 20 mai 1898, vieux
style), qui commence ainsi : « Si M. Brunetière arrive à
transformer en une grande chapelle le vieux recueil où
écrivirent les Taine, les Littré, les Renan, les About et les
George Sand, de cette chapelle il sera lui-même le desser-
vant et le prédicateur, M. Doumic le bedeau et M. de
Wyzeva l'enfant de chœur. » Et en effet, dans « ce recueil »
écrivent aujourd'hui des Maurice Talmeyr que le directeur
de la *Revue*, quoique universitaire lui-même, charge d'attaquer et de ridiculiser le corps universitaire au plus grand
profit de l'enseignement congréganiste. (Juin 1898.)

sur la nature »; — « La question sociale est une question morale ». Or ces trois propositions n'ont rien qui touche à la doctrine catholique, ni même à la religion. Ce sont trois vérités générales de morale, et, pour dire le mot, trois truismes philosophiques, sur lesquels on exerce particulièrement les candidats au baccalauréat, nous pouvons en donner l'assurance à M. Brunetière, les candidats de toute provenance et de toute couleur, sans qu'il soit jamais venu à l'esprit de personne qu'on risquait par là de les compromettre avec l'Église. En effet, on n'imagine pas aisément un libre penseur, éclectique, kantien, évolutionniste, qui n'en tombât d'accord, lui aussi, avec M. Brunetière[1]. On ne peut s'empêcher de laisser paraître son étonnement que ce soit la découverte de ces vérités de la Palisse qui ait rallié son esprit au catholicisme.

- 1. M. Brunetière, qui affirme « avec la même facilité » les trois propositions, insiste cependant un peu plus sur la seconde. Il parle de la « perversité foncière de l'homme » avec une sorte de satisfaction. « Nous qui le croyons d'une certitude absolue », s'écrie-t-il. On se souvient peut-être d'une *Figurine* du *Temps*, consacrée à M. Brunetière, où M. Lemaître avait donné au visage du critique une expression de pessimisme tragique. Et on nous dit alors que M. Brunetière s'y était reconnu. Il s'agit sans doute de ses sentiments intimes que nous ne connaissons pas. Mais le lecteur juge sans peine que son tempérament intellectuel est d'un optimisme robuste. Son style n'exhale pas la

V

Mais en réalité, c'est plutôt le cours des choses, la pente du siècle qui l'y entraîne. Comme on allait au siècle dernier en pèlerinage à Ferney, nos « representative men », tour à tour, vont en pèlerinage au Vatican : M. de Vogüé, M. Desjardins, M. Zola, M. Brunetière, Mme Séverine, bien d'autres que nous oublions. L'article que nous venons de discuter n'est donc pas tant une démonstration, encore moins une confession, qu'un acte, un acte public, auquel M. Brunetière, esprit décidé, a voulu donner toute la solennité possible. Et cet acte ne laisse pas d'être significatif pour nous, parce qu'il nous fait mesurer le chemin parcouru par l'opinion. M. Brunetière a fait

moindre tristesse. C'est même un plaisir que de l'entendre parler du pessimisme; nous avons goûté ce plaisir, une fois, à la *Bodinière*. M. Brunetière démontrait allègrement que le pessimisme est la doctrine qui entretient le mieux parmi les hommes l'activité, la charité et l'espérance; la doctrine qui fait fleurir l'industrie, qui perfectionne la société, qui rend l'homme excellent. L'orateur n'oubliait qu'un point, c'est que le pessimisme est la philosophie du désesp... (Cf., pour l'exactitude de nos souvenirs, *Revue des Deux Mondes*, 1ᵉʳ novembre 1890.)

son éducation philosophique dans les livres de Renan et de Taine, de Taine, surtout, dont le dur dogmatisme a dû faire une grande impression sur lui. Et il s'est ainsi tout imprégné de positivisme. Puis il a lu et relu Darwin, à cet âge heureux où l'on vit de la pure vie de l'intelligence, à cette heure de la vie, à ce moment du siècle où M. France, où M. Bourget le lisaient pareillement, avec ivresse. Et il a cru à la science. Il a cru lui-même, avec quelque naïveté peut-être, mais une naïveté aimable, être un savant, un évolutionniste, presque un continuateur de Darwin[1]. Mais il avait aussi un fort instinct moral. De tout temps, l'essentiel a été pour lui l'action, la vie, plutôt que la spéculation. Le jour est venu sans

1. Il nous est impossible d'apercevoir entre les espèces vivantes et les genres littéraires, sauf dans les mots, la plus lointaine analogie. Et qu'il y a loin encore, à y bien regarder, du Darwinisme à toutes nos idées morales, à toutes nos croyances religieuses. Pourtant M. Brunetière déclare formellement qu'il reste attaché à l'idée évolutionniste. Nous avons peine à comprendre comment des oreilles chrétiennes peuvent supporter ces discours qui leur parlent « du feu des instincts lubriques ou féroces de nos premiers ancêtres, que nous charrions toujours dans notre sang », comment des âmes chrétiennes peuvent supporter cette idée que l'Esprit éternel, l'Esprit des mondes est venu dans cette planète pour racheter, par son sacrifice mystérieux, une espèce de singes perfectionnés. Est-il donc possible que M. Brunetière croie que sa « certitude scientifique » ne fait pas de tort à « la certitude inspirée » ?

doute où il s'est aperçu que « la science, aucune science aujourd'hui ne saurait nous donner les moyens de vivre moralement ». Et il s'est porté d'un seul mouvement à l'autre extrémité du monde moral, jusqu'à la religion, sinon « la plus religieuse », du moins la plus positive. Cela nous a rappelé le mot de Milsand, esprit fumeux, mais profond : « Le positivisme n'est que l'envers du catholicisme ». Pour s'arrêter à mi-chemin, il faudrait un esprit philosophique et des croyances morales très approfondies. C'est une chose remarquable que M. Brunetière n'imagine guère le choix qu'entre la science et la religion. Ou disciple de Laplace et de Darwin, ou fidèle de l'Église, il ne voit point de milieu. Nous voudrions lui rappeler que la philosophie existe; nous ne lui dirions pas seulement qu'elle a des droits sur tous les esprits qui aiment la vérité plus que les autres biens; nous lui dirions surtout qu'elle est une force sociale. Ce mouvement des esprits dont M. Brunetière vient rendre témoignage à son tour, et que nous avons vu commencer autour de nous il y a huit ou dix ans, M. Brunetière sait-il qu'il a eu, qu'il a encore, entre bien des causes diverses, pour facteur important, l'influence de la philosophie et en particulier de la philosophie universitaire? Cette influence a commencé à s'exercer presque au lendemain de la guerre.

Jusque-là la philosophie des lycées et même des facultés était en grande partie littéraire ; elle ressemblait beaucoup à la rhétorique de nos jours, raisonneuse, moralisante et toute en idées générales ; car c'est là une forme de la pensée qui plaira toujours à l'esprit français. Mais vers 1870, commencèrent à sortir de l'École normale des jeunes gens éveillés à l'esprit de la haute spéculation par M. Lachelier[1]. Et peu à peu, dans les classes, dans les chaires, une philosophie nouvelle pénétra, qui entrait dans le vif des problèmes du temps, et touchait au fond des choses. Voilà vingt ans environ que les maîtres de la philosophie, avec des différences d'accent plutôt que de doctrine, démontrent aux générations successives de jeunes hommes distingués qu'ils instruisent, les limites et la relativité de la science, l'indépendance de la morale à l'égard des sciences, et, en un sens, sa suprématie sur elles (ce qu'on appelle dans la philosophie kantienne le primat de la raison pratique) ; la signification abstraite et même symbolique du mécanisme matériel, et la réalité supérieure de la liberté morale ; le caractère inesthétique et immoral du matérialisme qui ne correspond qu'à une des catégories de l'esprit, et la moins élevée, la catégorie de la

1. N'oublions pas non plus l'action profonde exercée par M. Renouvier.

quantité, etc., etc. Ne touche-t-on pas, comme du doigt, l'une des forces actives qui ont préparé secrètement le changement de l'esprit public? On pensera peut-être que par ce bel effort l'Université n'a travaillé que pour l'Église. Et cela est vrai sans doute en quelque mesure. Mais il est plus juste de dire qu'elle a travaillé pour la vérité. Si quelques-uns de ses meilleurs disciples sont amenés ou ramenés à l'Église par l'effet de ses enseignements, ils y entrent plus éclairés, plus raisonnables, disons-le, plus religieux. Et nous nous en réjouissons. Et puis il y a maintenant derrière nous un bon nombre de jeunes esprits probes, sérieux, profonds, appuyés sur la tradition philosophique mieux connue, informés directement du mouvement de la philosophie d'Allemagne, d'Angleterre, des États-Unis même, et qui se préparent à aborder les problèmes de notre vie nationale, avec toutes les lumières et toute l'impartialité de la raison. Nous l'avouons : quand nous nous rencontrons avec ces jeunes hommes, ou quand nous lisons leurs premiers travaux, nous reprenons confiance dans l'avenir, et nous oublions un moment les doutes, les inquiétudes inspirées par le spectacle des choses publiques. Notre espoir sera-t-il vain? M. Lavisse disait récemment[1] : « La France future se for-

1. *Revue de Paris*, 1er février 1895.

mera peu à peu, au jour le jour, non sur un plan nettement préconçu, mais par l'action permanente de la nécessité de vivre qui rend les peuples ingénieux sans qu'ils s'en doutent ». L'historien, rassuré par la longue expérience du passé, se confie dans la finalité des choses. Cela est bon. Et il est bon qu'il nous fasse souvenir qu'au-dessous de nos spéculations, la vie, la vie profonde poursuit son œuvre. Mais nous trouvera-t-on bien téméraire de penser qu'un des moyens réalisés par ce génie de la vie, par le *vouloir-vivre* de notre pays, après la guerre, a été la culture philosophique sérieuse, au plus haut degré de notre enseignement, et dans la masse du peuple, l'instruction et l'éducation morale : effort commençant, encore bien obscur, mais dont nous sommes confondu qu'on méconnaisse la grandeur. Pour le grand sujet auquel a touché M. Brunetière, il nous suffit d'avoir rappelé les lois de l'esprit; la science, la philosophie et la religion sont des forces spirituelles indépendantes, également nécessaires à la vie de nos sociétés[1]. Il faut donc se

1. C'est la *loi des trois états* d'Auguste Comte. Seulement ces trois états de l'esprit ne sont pas successifs, comme Comte l'a cru — sa vue n'en est pas moins profonde, — mais coexistants. Confondus à l'origine, ils se sont peu à peu séparés, pour que l'esprit exprimât mieux les faces diverses de la vérité : la science concentrant en idées abstraites la vie de la nature, la religion nourrissant

garder, pour des raisons d'utilité, nécessaire-
ment superficielles, de les énerver ou de les
sacrifier l'une à l'autre. Mais elles ont un commun principe : elles relèvent également de la loi
morale qui gouverne l'activité humaine dans les
voies différentes où elle s'engage : la loi de la
sincérité intérieure. Savant, philosophe, ou religieux, interrogez votre âme et laissez-la confesser
sa foi ou son doute. Mais qu'on ne nous parle
plus, comme on le fait sans cesse, du devoir de
croire. Cela nous fait toujours penser à la parole
de Doudan : « Non, non! il n'est pas nécessaire
d'être croyant comme l'affirment insolemment
les nouveaux fanatiques de tout dogmatisme,
mais il est ordonné d'être sincère; c'est la grande
condition de l'être moral »[1]. Que nos maîtres de

l'âme du surnaturel (ou métaphysique), la philosophie
transformant en raison les idées de la science et la foi de
la religion. De cette dernière fonction de la philosophie,
nous avons essayé précisément de donner ici, dans les notes
au bas des pages, un ou deux exemples.

1. Nous demandons la permission d'achever de lire tout
haut la page de Doudan (V. *Pensées et Fragments*). Doudan,
on le sait, vivait dans la maison catholique du duc de Bro-
glie. On appréciera la différence des temps : « J'entends
souvent dire : *mieux vaut une croyance quelconque que
l'absence de croyance*, et je ne sais pas de langage qui
suppose un plus grand mépris de la vérité. Qu'un doute
hardiment avoué serait respectable en regard de cette
recherche étourdie d'un dogmatisme quelconque. Oh! je
vous en conjure, ne souffrez pas que votre âme s'amollisse

sagesse prennent garde de l'oublier, s'ils ne veulent justifier la virulente apostrophe du tribun
socialiste : « N'inoculez pas au peuple naissant
l'hypocrisie de la bourgeoisie défaillante ».

jusqu'à subir les honteuses empreintes d'une foi de com-
plaisance ! Le temps est donc venu où, à côté d'un scepticisme honnête et sincère, s'élève une sorte de doctrine
sentimentale qui prétend à croire pour le plaisir de croire,
s'arrogeant le droit de mépriser qui ne se prête point à
cette comédie méprisable. Une telle obéissance à une foi
de rencontre serait au-dessous de l'esclavage qui, du moins,
ne prend que les corps et laisse l'esprit en liberté. Cette
croyance consentant à professer de bouche ce qui n'a point
réellement atteint le fond de l'esprit, agit comme un poi-
son, abolissant dans l'homme la vraie dignité avec la vraie
sincérité. Que chacun respecte les croyances d'autrui ; qu'il
n'abuse point de sa force pour détruire ce qu'il ne saurait
remplacer ; mais que chacun aussi sache discerner et confesser résolument ses doutes, s'il en est requis. Les doutes
de l'honnête homme contiennent plus de vérité morale que
la profession de foi des gens placés sous le joug de la mode.
Les professions vives de ce qu'on ne croit qu'à demi sont
la gangrène de l'âme. »

37539. — PARIS, IMPRIMERIE LAHURE

9, rue de Fleurus, 9